FURTHER PRAISE FOR **ILLUMINATIONS**

"*How often has a great poet in one language—also a master of a second language—translated an equally great poet? Not often. The effect is uncanny: Rimbaud's epoch-making poems come through in all their bizarre originality, their brusque, unsettling freshness. Ashbery has a terrific ear, a delicate touch with the nuances of Rimbaud's French. . . . Ashbery works such subtle magic throughout.*" —**JOHN TIMPANE, PHILADELPHIA INQUIRER**
"*No one is better suited to translating this poetry than John Ashbery. He stays very close to the French but half a century of reading and speaking French has given him the sophistication and experience to interpret Rimbaud's words.*" —**EDMUND WHITE, TIMES LITERARY SUPPLEMENT** "*Deeply satisfying.*" —**AVA LEHRER, FASTER TIMES** "*It's Ashbery's immaculate sense of tone and register, his delight in carefully taking up and pushing the more lyrical and exuberant moments to their limit, that, more than anything, makes this such a brilliant rendering of Rimbaud's greatest work.*" —**CHARLES BAINBRIDGE, GUARDIAN (UK)** "*Under Ashbery's masterful and nuanced hand, these immortal poems bound. . . . Rimbaud's tour-de-force has been rendered perfectly fresh. Genius on genius.*" —**JEFFREY CYPHERS WRIGHT, BROOKLYN RAIL** "*A foundational text of modernism.*" —**ADAM THIRLWELL, NEW REPUBLIC** "*Divinely inspired. . . . Exhibits a level of restraint and a faithfulness to the original form and tone that make it a work of art.*" —**ANGELA SUNDSTROM, TIME OUT NEW YORK, STARRED REVIEW** "*Ashbery's advantage as translator is intimately related to his gifts as a poetic stylist: maximum verbal invention with the greatest tonal control.*" —**ADAM**

D1320150

RIME

BAUD

ILLU
TION

MINA
S

W. W. NORTON & COMPANY

NEW YORK ▪ LONDON

BERY

For information about permission to reproduce
selections from this book, write to Permissions,
W. W. Norton & Company, Inc.,
500 Fifth Avenue, New York, NY 10110

For information about special discounts for bulk
purchases, please contact W. W. Norton Special Sales
at specialsales@wwnorton.com or 800-233-4830

Manufacturing by Courier Westford
Book design by Quemadura
Production manager: Julia Druskin

The Library of Congress has cataloged
the hardcover edition as follows:
Rimbaud, Arthur, 1854–1891.
[Illuminations. English & French]
Illuminations / Rimbaud ; translated with
a preface by John Ashbery. — 1st ed.
p. cm.
ISBN 978-0-393-07635-6 (hardcover)
I. Ashbery, John, 1927– II. Title.
PQ2387.R51413 2011
841'.8—dc22
2010054027

ISBN 978-0-393-34182-9 pbk.

W. W. Norton & Company, Inc.
500 Fifth Avenue, New York, NY 10110
www.wwnorton.com

W. W. Norton & Company Ltd.
Castle House, 75/76 Wells Street, London W1T 3QT

1 2 3 4 5 6 7 8 9 0

FOR OLIVIER BROSSARD

AND CLAIRE GUILLOT

PREFACE

What are the *Illuminations?* Originally an untitled, unpaginated bunch of manuscript pages that Arthur Rimbaud handed to his former lover Paul Verlaine on the occasion of their last meeting, in Stuttgart in 1875. Verlaine had recently been released from a term in a Belgian prison for wounding the younger poet with a pistol in Brussels two years earlier. Rimbaud wanted his *assassin manqué* to deliver the pages to a friend, Germain Nouveau, who (he thought) would arrange for their publication.*

This casual attitude toward what would turn out to be one of the masterpieces of world literature is puzzling, even in someone as unpredictable as its author. Was it just a question of not wanting to splurge on stamps? (Verlaine would later complain in a letter that the package cost him "2 francs 75 in postage!!!") More likely it was because Rimbaud had decided already to abandon poetry for what would turn out

---

*The complicated history of the publication of *Illuminations* is discussed at length by Enid Starkie in her *Arthur Rimbaud.*

to be a mercantile career in Africa, trafficking in a dizzying variety of commodities (though not, apparently, slaves, as some have thought). He had, after all, seen his previous book, *A Season in Hell,* through publication, though he had left the bulk of the edition with its printer, whom he wasn't able to pay. Like Emily Dickinson, he had seen "the horses' heads were toward eternity." In the penultimate strophe of "Adieu," the last poem of *A Season in Hell,* he had written: "Meanwhile, this is now the eve. Let's welcome the influx of strength and real tenderness. And at dawn, armed with fiery patience, we will enter splendid cities."

This valedictory tone as well as the difficulty of dating the individual *Illuminations* led earlier critics to suppose that *A Season in Hell* was Rimbaud's farewell to poetry. More recently it has emerged that they both preceded and followed that poem. Some were written in London during his stay there with Verlaine; others date from a later London visit with Nouveau, who copied out some of them; still others date from a later period in France, after the horrible adventure in Brussels. Though their final arrangement is undoubtedly not Rimbaud's, the first *Illumination* ("After the Flood") contradicts *A Season in Hell*'s "Adieu" with a vision of postdiluvian freshness, after "the notion of the Flood" has subsided. Here, a hare says its prayer to the rainbow through a spider's web, market stalls are busy, beavers

build, blood and milk flow, coffee steams in cafés, and the Splendide Hotel is built amid the chaos of ice floes and the polar night. In other words, business as usual.

The polar night returns in the final *Illumination*, one of the greatest poems ever written. Here a "genie," a Christ-like figure whose universal love transcends the strictures of traditional religion, arrives to save the world from "all resonant and surging suffering in more intense music." Yet despite this, "the clear song of new misfortunes" will also reign. How can that be? According to André Guyaux, coeditor of the Garnier edition of Rimbaud that I have used for this translation, "This amazing expression implies that the future will be neither idyllic nor purely happy, as 'the abolition of all . . . suffering' might seem to indicate, but that these 'new misfortunes' will ring clearer and be preferable to the misery caused by superstition and present-day Christian 'charity.'" The genie will usher in an age of sadder but wiser happiness, of a higher awareness than *A Season in Hell* foresaw, perhaps due precisely to that work's injunction to be "absolutely modern."

We tend to forget that "modern poetry" is a venerable institution. Prose poetry (Rimbaud's own term for what he was writing in *Illuminations*) had already been produced by Lautréamont and Baudelaire; Rimbaud mentioned to a friend the influence of the latter's work in the genre. Free

verse, today ubiquitous, was used by Rimbaud in two of the *Illuminations.* Yet, more essentially, absolute modernity was for him the acknowledging of the simultaneity of all of life, the condition that nourishes poetry at every second. The self is obsolete: In Rimbaud's famous formulation, " 'I' is someone else" (*"Je est un autre"*). In the twentieth century, the coexisting, conflicting views of objects that the Cubist painters cultivated, the equalizing deployment of all notes of the scale in serial music, and the unhierarchical progressions of bodies in motion in the ballets of Merce Cunningham are three examples among many of this fertile destabilization. Somewhere at the root of this, the crystalline jumble of Rimbaud's *Illuminations,* like a disordered collection of magic lantern slides, each an "intense and rapid dream," in his words, is still emitting pulses. If we are absolutely modern—and we are—it's because Rimbaud commanded us to be.

JOHN ASHBERY

APRÈS LE DÉLUGE

Aussitôt après que l'idée du Déluge se fut rassise,

Un lièvre s'arrêta dans les sainfoins et les clochettes mouvantes et dit sa prière à l'arc-en-ciel à travers la toile de l'araignée.

Oh les pierres précieuses qui se cachaient,—les fleurs qui regardaient déjà.

Dans la grande rue sale les étals se dressèrent, et l'on tira les barques vers la mer étagée là-haut comme sur les gravures.

Le sang coula, chez Barbe-Bleue,—aux abattoirs,— dans les cirques, où le sceau de Dieu blêmit les fenêtres. Le sang et le lait coulèrent.

Les castors bâtirent. Les «mazagrans» fumèrent dans les estaminets.

Dans la grande maison de vitres encore ruisselante les enfants en deuil regardèrent les merveilleuses images.

Une porte claqua, et sur la place du hameau, l'enfant

AFTER THE FLOOD

No sooner had the notion of the Flood regained its composure,

Than a hare paused amid the gorse and trembling bellflowers and said its prayer to the rainbow through the spider's web.

Oh the precious stones that were hiding,—the flowers that were already peeking out.

Stalls were erected in the dirty main street, and boats were towed toward the sea, which rose in layers above as in old engravings.

Blood flowed in Bluebeard's house,—in the slaughterhouses,—in the amphitheaters, where God's seal turned the windows livid. Blood and milk flowed.

The beavers built. Tumblers of coffee steamed in the public houses.

In the vast, still-streaming house of windows, children in mourning looked at marvelous pictures.

A door slammed, and on the village square, the child

tourna ses bras, compris des girouettes et des coqs des clochers de partout, sous l'éclatante giboulée.

Madame xxx établit un piano dans les Alpes. La messe et les premières communions se célébrèrent aux cent mille autels de la cathédrale.

Les caravanes partirent. Et le Splendide Hôtel fut bâti dans le chaos de glaces et de nuit du pôle.

Depuis lors, la Lune entendit les chacals piaulant par les déserts de thym,—et les églogues en sabots grognant dans le verger. Puis, dans la futaie violette, bourgeonnante, Eucharis me dit que c'était le printemps.

—Sourds, étang,—Écume, roule sur le pont, et par-dessus les bois;—draps noirs et orgues,—éclairs et tonnerre,—montez et roulez;—Eaux et tristesses, montez et relevez les Déluges.

Car depuis qu'ils se sont dissipés,—oh les pierres précieuses s'enfouissant, et les fleurs ouvertes!—c'est un ennui! et la Reine, la Sorcière qui allume sa braise dans le pot de terre, ne voudra jamais nous raconter ce qu'elle sait, et que nous ignorons.

waved his arms, understood by vanes and weathercocks everywhere, in the dazzling shower.

Madame xxx established a piano in the Alps. Mass and first communions were celebrated at the cathedral's hundred thousand altars.

The caravans left. And the Splendide Hotel was built amid the tangled heap of ice floes and the polar night.

Since then the Moon has heard jackals cheeping in thyme deserts,—and eclogues in wooden shoes grumbling in the orchard. Then, in the budding purple forest, Eucharis told me that spring had come.

—Well up, pond,—Foam, roll on the bridge and above the woods;—black cloths and organs,—lightning and thunder,—rise and roll;—Waters and sorrows, rise and revive the Floods.

For since they subsided,—oh the precious stones shoveled under, and the full-blown flowers!—so boring! and the Queen, the Witch who lights her coals in the clay pot, will never want to tell us what she knows, and which we do not know.

ENFANCE

I

Cette idole, yeux noirs et crin jaune, sans parents ni cour, plus noble que la fable, mexicaine et flamande; son domaine, azur et verdure insolents, court sur des plages nommées, par des vagues sans vaisseaux, de noms férocement grecs, slaves, celtiques.

A la lisière de la forêt—les fleurs de rêve tintent, éclatent, éclairent,—la fille à lèvre d'orange, les genoux croisés dans le clair déluge qui sourd des prés, nudité qu'ombrent, traversent et habillent les arcs-en-ciel, la flore, la mer.

Dames qui tournoient sur les terrasses voisines de la mer; enfantes et géantes, superbes noires dans la mousse vert-de-gris, bijoux debout sur le sol gras des bosquets et des jardinets dégelés—jeunes mères et grandes sœurs aux regards pleins de pèlerinages, sultanes, princesses de

CHILDHOOD

I

This idol, black eyes and yellow mane, without family or court, nobler than the fable, Mexican and Flemish; his domain, insolent azure and verdure, runs along beaches named by waves without ships, names that are ferociously Greek, Slavic, Celtic.

At the edge of the forest—dream flowers chime, burst, lighten,—the girl with the orange lip, her knees crossed in the clear deluge that wells up from the meadows, nakedness shaded, crossed and clothed by the rainbows, flora and sea.

Ladies who twirl on terraces near the sea, little girls and giantesses, superb black women in the gray-green moss, jewels erect on the fat soil of coppices and thawing flower beds—young mothers and older sisters whose eyes speak of pilgrimages, sultanas, princesses of tyran-

démarche et de costume tyranniques, petites étrangères
et personnes doucement malheureuses.

Quel ennui, l'heure du «cher corps» et «cher cœur».

II

C'est elle, la petite morte, derrière les rosiers.—La jeune
maman trépassée descend le perron—La calèche du cou-
sin crie sur le sable—Le petit frère—(il est aux Indes!)
là, devant le couchant, sur le pré d'œillets.—Les vieux
qu'on a enterrés tout droits dans le rempart aux giroflées.

L'essaim des feuilles d'or entoure la maison du géné-
ral. Ils sont dans le midi.—On suit la route rouge pour
arriver à l'auberge vide. Le château est à vendre; les per-
siennes sont détachées.—Le curé aura emporté la clef de
l'église.—Autour du parc, les loges des gardes sont inha-
bitées. Les palissades sont si hautes qu'on ne voit que les
cimes bruissantes. D'ailleurs il n'y a rien à voir là-dedans.

Les prés remontent aux hameaux sans coqs, sans
enclumes. L'écluse est levée. O les calvaires et les moulins
du désert, les îles et les meules.

nical gait and costume, little foreign women and sweetly unhappy people.

How dull, the hour of "dear bodies" and "dear hearts."

II

That's her, the dead little girl, behind the rosebushes.— The dead young mother descends the front steps—The cousin's open carriage squeaks on the sand—The little brother—(he's in India!) there, in front of the sunset, on the meadow of carnations.—The old people buried standing up in the rampart overgrown with wallflowers.

The swarm of golden leaves buzzes around the general's house. They're in the South.—You follow the red highway to arrive at the empty inn. The château is for sale; its shutters are dangling.—The vicar will have gone off with the church key.—Around the park, the caretakers' lodges are vacant. The palings are so high that you can glimpse only the rustling treetops. Besides, there's nothing to see inside.

The meadows climb toward hamlets without roosters, without anvils. The sluice gate is raised. O the wayside crosses and windmills of the desert, the islands and the haystacks.

Des fleurs magiques bourdonnaient. Les talus *le* berçaient. Des bêtes d'une élégance fabuleuse circulaient. Les nuées s'amassaient sur la haute mer faite d'une éternité de chaudes larmes.

III

Au bois il y a un oiseau, son chant vous arrête et vous fait rougir.

Il y a une horloge qui ne sonne pas.

Il y a une fondrière avec un nid de bêtes blanches.

Il y a une cathédrale qui descend et un lac qui monte.

Il y a une petite voiture abandonnée dans le taillis, ou qui descend le sentier en courant, enrubannée.

Il y a une troupe de petits comédiens en costumes, aperçus sur la route à travers la lisière du bois.

Il y a enfin, quand l'on a faim et soif, quelqu'un qui vous chasse.

IV

Je suis le saint, en prière sur la terrasse,—comme les bêtes pacifiques paissent jusqu'à la mer de Palestine.

Magical flowers were humming. The turf slopes cradled *him*. Beasts of a fabulous elegance were circulating. Storm clouds were piling up on the rising sea made of an eternity of hot tears.

III

In the wood there is a bird, his song stops you and makes you blush.

There is a clock that doesn't strike.

There is a pit with a nest of white creatures.

There is a cathedral that sinks and a lake that rises.

There is a little carriage abandoned in the thicket, or that hurtles down the path, trimmed with ribbons.

There is a troop of child actors in costume, seen on the highway through the edge of the forest.

Finally, when you are hungry or thirsty, there is someone who chases you away.

IV

I am the saint, at prayer on the terrace,—as meek animals graze all the way to the sea of Palestine.

Je suis le savant au fauteuil sombre. Les branches et la pluie se jettent à la croisée de la bibliothèque.

Je suis le piéton de la grand'route par les bois nains; la rumeur des écluses couvre mes pas. Je vois longtemps la mélancolique lessive d'or du couchant.

Je serais bien l'enfant abandonné sur la jetée partie à la haute mer, le petit valet, suivant l'allée dont le front touche le ciel.

Les sentiers sont âpres. Les monticules se couvrent de genêts. L'air est immobile. Que les oiseaux et les sources sont loin! Ce ne peut être que la fin du monde, en avançant.

V

Qu'on me loue enfin ce tombeau, blanchi à la chaux avec les lignes du ciment en relief—très loin sous terre.

Je m'accoude à la table, la lampe éclaire très vivement ces journaux que je suis idiot de relire, ces livres sans intérêt.

A une distance énorme au-dessus de mon salon souterrain, les maisons s'implantent, les brumes s'assemblent.

I am the learned scholar in the dark armchair. Branches and the rain hurl themselves at the library's casement window.

I am the walker on the great highway through dwarf woods; the murmur of sluices muffles my steps. I gaze for a long time at the melancholy gold laundry of the setting sun.

I'd gladly be the abandoned child on the pier setting out for the open sea, the young farm boy in the lane, whose forehead grazes the sky.

The paths are harsh. The little hills are cloaked with broom. The air is motionless. How far away the birds and the springs are! It can only be the end of the world, as you move forward.

V

Let someone finally rent me this tomb, whited with quicklime, with lines of cement in relief—very far below the earth.

I rest my elbows on the table, the lamp illuminates these newspapers that I'm a fool for rereading, these books of no interest.

At a vast distance above my underground salon, houses

La boue est rouge ou noire. Ville monstrueuse, nuit sans fin!

Moins haut, sont des égouts. Aux côtés, rien que l'épaisseur du globe. Peut-être les gouffres d'azur, des puits de feu. C'est peut-être sur ces plans que se rencontrent lunes et comètes, mers et fables.

Aux heures d'amertume je m'imagine des boules de saphir, de métal. Je suis maître du silence. Pourquoi une apparence de soupirail blêmirait-elle au coin de la voûte?

take root, mists assemble. The mud is red or black. Monstrous city, endless night!

Further down, the sewers. At their sides, nothing more than the thickness of the globe. Maybe gulfs of azure, wells of fire. Perhaps at those levels moons and comets, seas and fables meet.

In hours of bitterness I imagine sapphire balls, metal balls. I am the lord of silence. Why would a spectral cellar window turn livid in one corner of the vault?

CONTE

Un Prince était vexé de ne s'être employé jamais qu'à la perfection des générosités vulgaires. Il prévoyait d'étonnantes révolutions de l'amour, et soupçonnait ses femmes de pouvoir mieux que cette complaisance agrémentée de ciel et de luxe. Il voulait voir la vérité, l'heure du désir et de la satisfaction essentiels. Que ce fût ou non une aberration de piété, il voulut. Il possédait au moins un assez large pouvoir humain.

Toutes les femmes qui l'avaient connu furent assassinées. Quel saccage du jardin de la beauté! Sous le sabre, elles le bénirent. Il n'en commanda point de nouvelles.—Les femmes réapparurent.

Il tua tous ceux qui le suivaient, après la chasse ou les libations.—Tous le suivaient.

Il s'amusa à égorger les bêtes de luxe. Il fit flamber les palais. Il se ruait sur les gens et les taillait en pièces.—La foule, les toits d'or, les belles bêtes existaient encore.

TALE

A Prince was annoyed at being always occupied with perfecting vulgar generosities. He foresaw amazing revolutions in love, and suspected that his wives could come up with something better than complacency adorned with sky and luxury. He wished to see the truth, the hour of essential desire and satisfaction. Whether or not this was an aberration of piety, he wanted it. He possessed at the very least a rather broad human power.

All the women who had known him were murdered. What wanton pillaging of the garden of beauty! Beneath the saber, they gave him their blessing. He ordered no new ones.—The women reappeared.

He killed his followers, after the hunt or after drinking.—They all followed him.

He amused himself with cutting the throats of thoroughbred animals. He torched palaces. He hurled himself on people and hacked them to pieces.—The crowds, the golden roofs, the beautiful beasts still lived.

Peut-on s'extasier dans la destruction, se rajeunir par la cruauté! Le peuple ne murmura pas. Personne n'offrit le concours de ses vues.

Un soir il galopait fièrement. Un Génie apparut, d'une beauté ineffable, inavouable même. De sa physionomie et de son maintien ressortait la promesse d'un amour multiple et complexe! d'un bonheur indicible, insupportable même! Le Prince et le Génie s'anéantirent probablement dans la santé essentielle. Comment n'auraient-ils pas pu en mourir? Ensemble donc ils moururent.

Mais ce Prince décéda, dans son palais, à un âge ordinaire. Le prince était le Génie. Le Génie était le Prince.

La musique savante manque à notre désir.

Is it possible to become ecstatic amid destruction, rejuvenate oneself through cruelty! The people didn't complain. No one offered the support of his own opinions.

One evening he was galloping fiercely. A Genie appeared, of an ineffable, even unavowable beauty. From his face and bearing sprang the promise of a multiple and complex love! of an unspeakable, even unbearable love! The Prince and the Genie probably disappeared into essential health. How could they not die of it? So they died together.

But this Prince passed away, in his palace, at a normal age. The Prince was the Genie. The Genie was the Prince.

Wise music is missing from our desire.

PARADE

Des drôles très solides. Plusieurs ont exploité vos mondes. Sans besoins, et peu pressés de mettre en œuvre leurs brillantes facultés et leur expérience de vos consciences. Quels hommes mûrs! Des yeux hébétés à la façon de la nuit d'été, rouges et noirs, tricolores, d'acier piqué d'étoiles d'or; des facies déformés, plombés, blêmis, incendiés; des enrouements folâtres! La démarche cruelle des oripeaux!—Il y a quelques jeunes,—comment regarderaient-ils Chérubin?—pourvus de voix effrayantes et de quelques ressources dangereuses. On les envoie prendre du dos en ville, affublés d'un *luxe* dégoûtant.

O le plus violent Paradis de la grimace enragée! Pas de comparaison avec vos Fakirs et les autres bouffonneries scéniques. Dans des costumes improvisés avec le goût du mauvais rêve ils jouent des complaintes, des tragédies de malandrins et de demi-dieux spirituels comme l'histoire ou les religions ne l'ont jamais été. Chinois, Hottentots, bohémiens, niais, hyènes, Molochs, vieilles démences,

SIDESHOW

Very robust rascals. Several of them have exploited your worlds. With no pressing needs, and in no hurry to bring into play their brilliant faculties and their experience of your consciences. What mature men! Their eyes glazed like the midsummer night, red and black, tricolored, steel pierced with gold stars; facial features deformed, leaden, ashen, on fire; playful hoarseness! The cruel procedures of discarded finery!—There are a few young men,— what would they think of Cherubino?—endowed with frightening voices and some dangerous resources. They are sent off to be buggered in cities, swathed in disgusting *luxury*.

O most violent Paradise of the enraged grimace! No comparison with your Fakirs and other theatrical buffoonery. Wearing improvised costumes in nightmarish taste they act out ballads, tragedies of thieves and demigods of a spirituality hitherto unknown to history or religions. Chinese, Hottentots, Gypsies, nincompoops,

démons sinistres, ils mêlent les tours populaires, mater-
nels, avec les poses et les tendresses bestiales. Ils inter-
préteraient des pièces nouvelles et des chansons «bonnes
filles». Maîtres jongleurs, ils transforment le lieu et les
personnes, et usent de la comédie magnétique. Les yeux
flambent, le sang chante, les os s'élargissent, les larmes et
des filets rouges ruissellent. Leur raillerie ou leur terreur
dure une minute, ou des mois entiers.

J'ai seul la clef de cette parade sauvage.

hyenas, Molochs, old dementias, sinister demons, they mingle populist, maternal tricks with bestial poses and tenderness. They would perform new plays and "nice girl" songs. Expert jugglers, they transform people and places, and resort to magnetic comedy. The eyes flame, the blood sings, the bones swell, tears and trickles of red descend. Their raillery or their terror lasts a minute, or entire months.

I alone know the plan of this savage sideshow.

ANTIQUE

Gracieux fils de Pan! Autour de ton front couronné de fleurettes et de baies tes yeux, des boules précieuses, remuent. Tachées de lies brunes, tes joues se creusent. Tes crocs luisent. Ta poitrine ressemble à une cithare, des tintements circulent dans tes bras blonds. Ton cœur bat dans ce ventre où dort le double sexe. Promène-toi, la nuit, en mouvant doucement cette cuisse, cette seconde cuisse et cette jambe de gauche.

ANTIQUE

Graceful son of Pan! Around your forehead crowned
with small flowers and berries, your eyes, precious
spheres, are moving. Spotted with brownish wine lees,
your cheeks grow hollow. Your fangs gleam. Your chest is
like a lyre, jingling sounds circulate between your blond
arms. Your heart beats in that belly where the double sex
sleeps. Walk at night, gently moving that thigh, that sec-
ond thigh and that left leg.

BEING BEAUTEOUS

Devant une neige un Être de Beauté de haute taille. Des sifflements de mort et des cercles de musique sourde font monter, s'élargir et trembler comme un spectre ce corps adoré; des blessures écarlates et noires éclatent dans les chairs superbes. Les couleurs propres de la vie se foncent, dansent, et se dégagent autour de la Vision, sur le chantier. Et les frissons s'élèvent et grondent et la saveur forcenée de ces effets se chargeant avec les sifflements mortels et les rauques musiques que le monde, loin derrière nous, lance sur notre mère de beauté,—elle recule, elle se dresse. Oh! nos os sont revêtus d'un nouveau corps amoureux.

XXX.

O la face cendrée, l'écusson de crin, les bras de cristal! le canon sur lequel je dois m'abattre à travers la mêlée des arbres et de l'air léger!

BEING BEAUTEOUS

Against snow, a tall Beautiful Being. Whistlings of death and circles of muffled music make this adored body rise, swell and tremble like a ghost; scarlet and black wounds open in the magnificent flesh. The actual colors of life darken, dance, and emerge around the Vision as it takes shape. And shudders arise and rumble, and the frenetic taste of these effects weighted down with the mortal whistling and raucous music that the world, far behind us, hurls at our mother of beauty,—she backs off, she stands up. Oh! our bones are clad with a new loving body.

X X X .

O the ashen face, the horsehair escutcheon, the arms of crystal! the cannon on which I must hurl myself through the scrum of trees and light air!

VIES

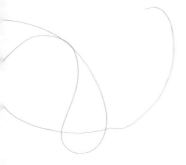

I

O les énormes avenues du pays saint, les terrasses du temple! Qu'a-t-on fait du brahmane qui m'expliqua les Proverbes? D'alors, de là-bas, je vois encore même les vieilles! Je me souviens des heures d'argent et de soleil vers les fleuves, la main de la campagne sur mon épaule, et de nos caresses debout dans les plaines poivrées.—Un envol de pigeons écarlates tonne autour de ma pensée—Exilé ici j'ai eu une scène où jouer les chefs-d'œuvre dramatiques de toutes les littératures. Je vous indiquerais les richesses inouïes. J'observe l'histoire des trésors que vous trouvâtes. Je vois la suite! Ma sagesse est aussi dédaignée que le chaos. Qu'est mon néant, auprès de la stupeur qui vous attend?

LIVES

I

O the enormous avenues of the holy land, the terraces of the temple! What have they done with the brahmin who explicated the Proverbs to me? From that time, from back then, I still see even the old women! I remember the hours of silver and sun toward the rivers, the hand of the countryside on my shoulder, and our caresses as we stood in the pepper-scented plain.—A flight of scarlet pigeons roars around my thought—Exiled here I had a stage on which to act out the dramatic masterpieces of all the literatures. I could show you undreamed-of riches. I observe the history of the treasures you found. I see what comes afterward! My wisdom is as spurned as chaos. What is my nothingness, compared to the amazement that awaits you?

II

Je suis un inventeur bien autrement méritant que tous ceux qui m'ont précédé; un musicien même, qui ai trouvé quelque chose comme la clef de l'amour. A présent, gentilhomme d'une campagne aigre au ciel sobre, j'essaye de m'émouvoir au souvenir de l'enfance mendiante, de l'apprentissage ou de l'arrivée en sabots, des polémiques, des cinq ou six veuvages, et quelques noces où ma forte tête m'empêcha de monter au diapason des camarades. Je ne regrette pas ma vieille part de gaîté divine: l'air sobre de cette aigre campagne alimente fort activement mon atroce scepticisme. Mais comme ce scepticisme ne peut désormais être mis en œuvre, et que d'ailleurs je suis dévoué à un trouble nouveau,—j'attends de devenir un très méchant fou.

III

Dans un grenier où je fus enfermé à douze ans j'ai connu le monde, j'ai illustré la comédie humaine. Dans un cellier j'ai appris l'histoire. A quelque fête de nuit dans une cité du Nord, j'ai rencontré toutes les femmes des anciens peintres. Dans un vieux passage à Paris on m'a

II

I am an inventor altogether more deserving than all those who have preceded me; a musician, in fact, who has discovered something like the key of love. At present, squire of a sour country with a sober sky, I try to be touched by the memory of a childhood spent begging, of apprenticeship or my arrival in wooden shoes, of polemics, of five or six widowings, and several wedding parties where my obstinate head prevented me from rising to the fever pitch of my pals. I don't miss my old role in divine merrymaking: the sober air of this sour countryside is ample nourishment for my hideous skepticism. But as this skepticism can now never be transformed into action, and since I'm now dedicated to a new turmoil,—I'm waiting to become a most wicked madman.

III

In an attic where I was shut up at the age of twelve I got to know the world, I illustrated the human comedy. In a cellar I learned history. At some nighttime carnival in a Northern city, I met all the wives of the master painters. In an old arcade in Paris I was taught the classic sciences.

enseigné les sciences classiques. Dans une magnifique demeure cernée par l'Orient entier j'ai accompli mon immense œuvre et passé mon illustre retraite. J'ai brassé mon sang. Mon devoir m'est remis. Il ne faut même plus songer à cela. Je suis réellement d'outre-tombe, et pas de commissions.

In a magnificent abode surrounded by the entire Orient
I accomplished my immense opus and spent my illustri-
ous retirement. I churned my blood. My homework has
been handed back to me. One mustn't even think of that
now. I'm really beyond the grave, and no more assign-
ments, please.

DÉPART

Assez vu. La vision s'est rencontrée à tous les airs.

Assez eu. Rumeurs des villes, le soir, et au soleil, et toujours.

Assez connu. Les arrêts de la vie.—O Rumeurs et Visions!

Départ dans l'affection et le bruit neufs!

DEPARTURE

Enough seen. The vision has been encountered in all skies.

Enough had. Sounds of cities, in the evening, and in sunlight, and always.

Enough known. The stations of life.—O Sounds and Visions!

Departure amid new noise and affection!

ROYAUTÉ

Un beau matin, chez un peuple fort doux, un homme et une femme superbes criaient sur la place publique. «Mes amis, je veux qu'elle soit reine!» «Je veux être reine!» Elle riait et tremblait. Il parlait aux amis de révélation, d'épreuve terminée. Ils se pâmaient l'un contre l'autre.

En effet ils furent rois toute une matinée où les tentures carminées se relevèrent sur les maisons, et toute l'après-midi, où ils s'avancèrent du côté des jardins de palmes.

ROYALTY

One fine morning, in the country of a very gentle people, a magnificent man and woman were shouting in the public square. "My friends, I want her to be queen!" "I want to be queen!" She was laughing and trembling. He spoke to their friends of revelation, of trials completed. They swooned against each other.

In fact they were regents for a whole morning as crimson hangings were raised against the houses, and for the whole afternoon, as they moved toward groves of palm trees.

A UNE RAISON

Un coup de ton doigt sur le tambour décharge tous les sons et commence la nouvelle harmonie.

Un pas de toi, c'est la levée des nouveaux hommes et leur en-marche.

Ta tête se détourne: le nouvel amour!

Ta tête se retourne,—le nouvel amour!

«Change nos lots, crible les fléaux, à commencer par le temps», te chantent ces enfants. «Élève n'importe où la substance de nos fortunes et de nos vœux» on t'en prie.

Arrivée de toujours, qui t'en iras partout.

TO A REASON

A tap of your finger on the drum releases all sounds and initiates the new harmony.

A step of yours is the conscription of the new men and their marching orders.

You look away: the new love!

You look back,—the new love!

"Change our fates, shoot down the plagues, beginning with time," the children sing to you. "Build wherever you can the substance of our fortunes and our wishes" they beg you.

Arriving from always, you'll go away everywhere.

MATINÉE
D'IVRESSE

O *mon* Bien! O *mon* Beau! Fanfare atroce où je ne trébuche point! chevalet féerique! Hourra pour l'œuvre inouïe et pour le corps merveilleux, pour la première fois! Cela commença sous les rires des enfants, cela finira par eux. Ce poison va rester dans toutes nos veines même quand, la fanfare tournant, nous serons rendu à l'ancienne inharmonie. O maintenant, nous si digne de ces tortures! rassemblons fervemment cette promesse surhumaine faite à notre corps et à notre âme créés: cette promesse, cette démence! L'élégance, la science, la violence! On nous a promis d'enterrer dans l'ombre l'arbre du bien et du mal, de déporter les honnêtetés tyranniques, afin que nous amenions notre très pur amour. Cela commença par quelques dégoûts et cela finit,—ne pouvant nous saisir sur-le-champ de cette éternité,— cela finit par une débandade de parfums.

MORNING OF DRUNKENNESS

O *my* good! O *my* beautiful! Atrocious fanfare where I won't stumble! enchanted rack whereon I am stretched! Hurrah for the amazing work and the marvelous body, for the first time! It began amid the laughter of children, it will end with it. This poison will remain in all our veins even when, as the heralds turn back, we'll be restored to the old discord. O let us now, we who are so deserving of these torments! let us fervently gather up that super-human promise made to our created body and soul: that promise, that madness! Elegance, knowledge, violence! They promised us to bury the tree of good and evil in the shade, to banish tyrannical honesties, so that we might bring forth our very pure love. It began with a certain disgust and ended,—since we weren't able to grasp this eternity all at once,—in a panicked rout of perfumes.

Rire des enfants, discrétion des esclaves, austérité des vierges, horreur des figures et des objets d'ici, sacrés soyez-vous par le souvenir de cette veille. Cela commençait par toute la rustrerie, voici que cela finit par des anges de flamme et de glace.

Petite veille d'ivresse, sainte! quand ce ne serait que pour le masque dont tu nous as gratifié. Nous t'affirmons, méthode! Nous n'oublions pas que tu as glorifié hier chacun de nos âges. Nous avons foi au poison. Nous savons donner notre vie tout entière tous les jours.

Voici le temps des *Assassins*.

Laughter of children, discretion of slaves, austerity of virgins, horror in the faces and objects of today, may you be consecrated by the memory of that wake. It began in all loutishness, now it's ending among angels of flame and ice.

Little eve of drunkenness, holy! were it only for the mask with which you gratified us. We affirm you, method! We don't forget that yesterday you glorified each one of our ages. We have faith in the poison. We know how to give our whole lives every day.

Behold the time of the *Assassins*.

PHRASES

Quand le monde sera réduit en un seul bois noir pour nos quatre yeux étonnés,—en une plage pour deux enfants fidèles,—en une maison musicale pour notre claire sympathie,—je vous trouverai.

Qu'il n'y ait ici-bas qu'un vieillard seul, calme et beau, entouré d'un «luxe inouï»,—et je suis à vos genoux.

Que j'aie réalisé tous vos souvenirs,—que je sois celle qui sait vous garrotter,—je vous étoufferai.

* * * * * * * * *

Quand nous sommes très forts,—qui recule? très gais, qui tombe de ridicule? Quand nous sommes très méchants, que ferait-on de nous.

Parez-vous, dansez, riez,—Je ne pourrai jamais envoyer l'Amour par la fenêtre.

* * * * * * * * *

PHRASES

Once the world has been reduced to a single dark wood
for our four astonished eyes,—and to a beach for two
loyal children,—and to a musical house for our clear
sympathy,—I'll find you.

When there's nothing on earth but a single old man,
calm and handsome, surrounded by "unheard-of lux-
ury,"—I'll kneel down and worship you.

When I've realized all your memories,—when I am
she who knows how to garrotte you,—I'll smother you.

* * * * * * * * *

When we're very strong,—who's backing down? very
merry, who collapses in ridicule? When we're very nasty,
what would they do with us.

Adorn yourselves, dance, laugh,—I'll never be able to
throw Love out the window.

* * * * * * * * *

—Ma camarade, mendiante, enfant monstre! comme ça t'est égal, ces malheureuses et ces manœuvres, et mes embarras. Attache-toi à nous avec ta voix impossible, ta voix! unique flatteur de ce vil désespoir.

—My friend, beggar girl, monstrous child! how little it all matters to you, these unhappy women and these machinations, and my embarrassment. Fasten yourself to us with your impossible voice, your voice! sole flatterer of this vile despair.

[FRAGMENTS DU FEUILLET 12]

Une matinée couverte, en Juillet. Un goût de cendres vole dans l'air;—une odeur de bois suant dans l'âtre,—les fleurs rouies,—le saccage des promenades,—la bruine des canaux par les champs—pourquoi pas déjà les joujoux et l'encens?

* * *

J'ai tendu des cordes de clocher à clocher; des guirlandes de fenêtre à fenêtre; des chaînes d'or d'étoile à étoile, et je danse.

* * *

Le haut étang fume continuellement. Quelle sorcière va se dresser sur le couchant blanc? Quelles violettes frondaisons vont descendre?

* * *

[FRAGMENTS OF FOLIO 12]

An overcast morning, in July. A taste of ashes floating in the air;—a smell of wood sweating in the fireplace,— flowers steeping,—walks spoiled,—fine drizzle of the canals in the fields—why then no toys and incense yet?

* * *

I stretched ropes from steeple to steeple; garlands from window to window; gold chains from star to star, and I dance.

* * *

The high pool is always steaming. What witch will rise up on the white sunset? What purple foliage will descend?

* * *

Pendant que les fonds publics s'écoulent en fêtes de fraternité, il sonne une cloche de feu rose dans les nuages.

* * *

Avivant un agréable goût d'encre de Chine, une poudre noire pleut doucement sur ma veillée.—Je baisse les feux du lustre, je me jette sur le lit, et, tourné du côté de l'ombre, je vous vois, mes filles! mes reines!

While public funds flow into fraternal holidays, a clock of pink fire strikes in the clouds.

*　*　*

Stirring up a pleasant taste of India ink, a black powder rains gently down on my sleepless night.—I lower the gaslight, I throw myself on the bed, and, turning toward the dark, I see you, my daughters! my queens!

OUVRIERS

O cette chaude matinée de février. Le Sud inopportun vint relever nos souvenirs d'indigents absurdes, notre jeune misère.

Henrika avait une jupe de coton à carreau blanc et brun, qui a dû être portée au siècle dernier, un bonnet à rubans, et un foulard de soie. C'était bien plus triste qu'un deuil. Nous faisions un tour dans la banlieue. Le temps était couvert, et ce vent du Sud excitait toutes les vilaines odeurs des jardins ravagés et des prés desséchés.

Cela ne devait pas fatiguer ma femme au même point que moi. Dans une flache laissée par l'inondation du mois précédent à un sentier assez haut elle me fit remarquer de très petits poissons.

La ville, avec sa fumée et ses bruits de métiers, nous suivait très loin dans les chemins. O l'autre monde, l'habitation bénie par le ciel et les ombrages! Le sud me rappelait les misérables incidents de mon enfance, mes désespoirs d'été, l'horrible quantité de force et de science que

WORKERS

O that mild February morning. The untimely South came to enliven our ridiculous paupers' memories, our young poverty.

Henrika had on a brown and white checked cotton skirt, which must have been worn during the last century, a bonnet with ribbons, and a silk scarf. It was much sadder than mourning. We went for a walk in the suburbs. The sky was overcast, and that South wind stirred up all the vile odors of ruined gardens and parched meadows.

This didn't seem to tire my woman as much as it did me. In a puddle left in a rather steep path by last month's flood she showed me some tiny fish.

The city, with its smoke and sounds of looms, followed us very far along the roads. O other world, dwelling blessed by sky and shade! The south reminded me of the miserable events of my childhood, my despair in summer, the horrible amount of strength and knowledge

le sort a toujours éloignée de moi. Non! nous ne passerons pas l'été dans cet avare pays où nous ne serons jamais que des orphelins fiancés. Je veux que ce bras durci ne traîne plus *une chère image*.

that destiny always kept far from me. No! we will not spend the summer in this miserly country where we'll never be anything but orphans engaged to each other. I don't want this rugged arm to keep dragging *a beloved image* behind us.

LES PONTS

Des ciels gris de cristal. Un bizarre dessin de ponts, ceux-ci droits, ceux-là bombés, d'autres descendant ou obliquant en angles sur les premiers, et ces figures se renouvelant dans les autres circuits éclairés du canal, mais tous tellement longs et légers que les rives chargées de dômes s'abaissent et s'amoindrissent. Quelques-uns de ces ponts sont encore chargés de masures. D'autres soutiennent des mâts, des signaux, de frêles parapets. Des accords mineurs se croisent, et filent, des cordes montent des berges. On distingue une veste rouge, peut-être d'autres costumes et des instruments de musique. Sont-ce des airs populaires, des bouts de concerts seigneuriaux, des restants d'hymnes publics? L'eau est grise et bleue, large comme un bras de mer.—Un rayon blanc, tombant du haut du ciel, anéantit cette comédie.

THE BRIDGES

Crystal-gray skies. A bizarre pattern of bridges, some of them straight, others convex, still others descending or veering off at angles to the first ones, and these shapes multiplying in the other illuminated circuits of the canal, but all of them so long and delicate that the riverbanks burdened with domes fall away and diminish. Some of these bridges are still lined with hovels. Others support masts, signals, frail parapets. Minor chords meet and leave each other, ropes climb up from the banks. One can make out a red jacket, perhaps other costumes and musical instruments. Are these popular tunes, fragments of concerts offered by the aristocracy, snatches of public hymns? The water is gray and blue, wide as an arm of the sea.—A white ray, falling from the top of the sky, wipes out this bit of theatricality.

VILLE

Je suis un éphémère et point trop mécontent citoyen d'une métropole crue moderne parce que tout goût connu a été éludé dans les ameublements et l'extérieur des maisons aussi bien que dans le plan de la ville. Ici vous ne signaleriez les traces d'aucun monument de superstition. La morale et la langue sont réduites à leur plus simple expression, enfin! Ces millions de gens qui n'ont pas besoin de se connaître amènent si pareillement l'éducation, le métier et la vieillesse, que ce cours de vie doit être plusieurs fois moins long que ce qu'une statistique folle trouve pour les peuples du continent. Aussi comme, de ma fenêtre, je vois des spectres nouveaux roulant à travers l'épaisse et éternelle fumée de charbon, —notre ombre des bois, notre nuit d'été!—des Érinnyes nouvelles, devant mon cottage qui est ma patrie et tout mon cœur puisque tout ici ressemble à ceci,—la Mort sans pleurs, notre active fille et servante, et un Amour désespéré, et un joli Crime piaulant dans la boue de la rue.

CITY

I am an ephemeral and not at all dissatisfied citizen of a metropolis thought to be modern because every known taste has been avoided in the furnishings and exteriors of its houses as well as in the plan of the city. Here you would never point to the traces of any monument to superstition. Morality and language are reduced to their most basic expression, indeed! These millions of people who feel no need to know one another experience such similar kinds of education, occupation and old age, that their life-spans must be several times shorter than those which a mad statistic determines for the peoples of the continent. Just as, from my window, I see new specters rolling through the thick and eternal fumes of coal fires, —our shadow of the woods, our summer's night!— modern-day Furies, in front of my cottage which is my country and all my heart since everything here resembles this,—Death without tears, our active daughter and servant, and a despairing Love, and a pretty Crime whimpering in the mud of the street.

ORNIÈRES

A droite l'aube d'été éveille les feuilles et les vapeurs et les bruits de ce coin du parc, et les talus de gauche tiennent dans leur ombre violette les mille rapides ornières de la route humide. Défilé de féeries. En effet: des chars chargés d'animaux de bois doré, de mâts et de toiles bariolées, au grand galop de vingt chevaux de cirque tachetés, et les enfants et les hommes sur leurs bêtes les plus étonnantes;—vingt véhicules, bossés, pavoisés et fleuris comme des carrosses anciens ou de contes, pleins d'enfants attifés pour une pastorale suburbaine.—Même des cercueils sous leur dais de nuit dressant les panaches d'ébène, filant au trot des grandes juments bleues et noires.

RUTS

On the right, the summer dawn wakens the leaves and vapors and sounds of this corner of the park, and the embankments on the left hold within their purple shadows the thousand rapid ruts of the damp road. Parade of enchantments. Indeed: parade floats covered with gilded wooden animals, masts and multicolored canvas backdrops, drawn by twenty dappled circus horses at full gallop, and children and men on the most amazing beasts; —twenty vehicles, embossed, flag-draped and decked with flowers like old-fashioned or fairy-tale coaches, filled with children costumed for a suburban pastoral.— Even coffins under their canopy of night brandishing ebony plumes, fleeing to the sound of huge blue and black mares' hooves.

VILLES [II]

Ce sont des villes! C'est un peuple pour qui se sont montés ces Alleghanys et ces Libans de rêve! Des chalets de
cristal et de bois qui se meuvent sur des rails et des poulies
invisibles. Les vieux cratères ceints de colosses et de palmiers de cuivre rugissent mélodicusement dans les feux.
Des fêtes amoureuses sonnent sur les canaux pendus
derrière les chalets. La chasse des carillons crie dans les
gorges. Des corporations de chanteurs géants accourent
dans des vêtements et des oriflammes éclatants comme
la lumière des cimes. Sur les plates-formes au milieu des
gouffres les Rolands sonnent leur bravoure. Sur les passerelles de l'abîme et les toits des auberges l'ardeur du ciel
pavoise les mâts. L'écroulement des apothéoses rejoint les
champs des hauteurs où les centauresses séraphiques évoluent parmi les avalanches. Au-dessus du niveau des plus
hautes crêtes une mer troublée par la naissance éternelle
de Vénus, chargée de flottes orphéoniques et de la rumeur
des perles et des conques précieuses,—la mer s'assombrit

CITIES [II]

What cities they are! This is a people for whom these Alleghenies and Lebanons of dreams arose! Chalets of crystal and wood that move along invisible rails and pulleys. Ancient craters ringed by colossi and copper palm trees roar melodiously amid the flames. Love feasts echo along canals suspended behind the chalets. The carillons' hunting party halloos in the gorges. Guilds of giant singers come running, wearing costumes and bearing banners as dazzling as the light on the mountaintops. On platforms in the center of chasms, Rolands trumpet their bravura. On footbridges spanning the abyss and on the roofs of inns, the sky's passion decks the masts with bunting. The collapse of apotheoses reaches the fields on the heights where seraphic centauresses gambol among avalanches. Above the level of the highest peaks a sea whipped up by the eternal birth of Venus, laden with choral fleets and the humming of precious pearls and conches,—the sea sometimes darkens with mortal

parfois avec des éclats mortels. Sur les versants des moissons de fleurs grandes comme nos armes et nos coupes, mugissent. Des cortèges de Mabs en robes rousses, opalines, montent des ravines. Là-haut, les pieds dans la cascade et les ronces, les cerfs tettent Diane. Les Bacchantes des banlieues sanglotent et la lune brûle et hurle. Vénus entre dans les cavernes des forgerons et des ermites. Des groupes de beffrois chantent les idées des peuples. Des châteaux bâtis en os sort la musique inconnue. Toutes les légendes évoluent et les élans se ruent dans les bourgs. Le paradis des orages s'effondre. Les sauvages dansent sans cesse la fête de la nuit. Et une heure je suis descendu dans le mouvement d'un boulevard de Bagdad où des compagnies ont chanté la joie du travail nouveau, sous une brise épaisse, circulant sans pouvoir éluder les fabuleux fantômes des monts où l'on a dû se retrouver.

Quels bons bras, quelle belle heure me rendront cette région d'où viennent mes sommeils et mes moindres mouvements?

flashes of light. On the slopes, crops of flowers as large as our weapons and our goblets are braying. Processions of Mabs in russet and opaline dresses climb the ravines. Farther up, with their hooves in the waterfall and the brambles, stags suckle at Diana's breasts. Suburban Bacchantes sob and the moon burns and howls. Venus enters the caves of blacksmiths and hermits. Clusters of belfries sing out the ideas of the peoples. From castles built of bones an unknown music pours forth. All the legends unfold and elk stampede through the towns. The paradise of storms caves in. Savages endlessly dance out the festival of night. And, for an hour, I came down into the liveliness of a boulevard in Baghdad where gangs were chanting the joy of the new work, under a stiff breeze, moving along unable to avoid the fabulous phantoms of the mountains where we were supposed to meet again.

What kind arms, what fortunate hour will give me back that region from whence issue my sleep and my slightest movements?

VAGABONDS

Pitoyable frère! Que d'atroces veillées je lui dus! «Je ne me saisissais pas fervemment de cette entreprise. Je m'étais joué de son infirmité. Par ma faute nous retournerions en exil, en esclavage.» Il me supposait un guignon et une innocence très bizarres, et il ajoutait des raisons inquiétantes.

Je répondais en ricanant à ce satanique docteur, et finissais par gagner la fenêtre. Je créais, par delà la campagne traversée par des bandes de musique rare, les fantômes du futur luxe nocturne.

Après cette distraction vaguement hygiénique, je m'étendais sur une paillasse. Et, presque chaque nuit, aussitôt endormi, le pauvre frère se levait, la bouche pourrie, les yeux arrachés,—tel qu'il se rêvait!—et me tirait dans la salle en hurlant son songe de chagrin idiot.

DRIFTERS

Pathetic brother! How many horrible evenings I owed
him! "I wasn't sufficiently involved in this enterprise. I
made light of his infirmity. Because of me we would
revert to exile, to slavery." He attributed to me both bad
luck and innocence, each highly bizarre, and he pro-
duced disturbing reasons for this.

I would respond by sneering at this satanic doctor, and
finally going over to the window. I was creating, beyond
the countryside crossed by bands playing rare music,
phantoms of future nocturnal luxury.

After this vaguely hygienic amusement, I would lie
down on a straw mattress. And, almost every night, no
sooner was I asleep than the poor brother would get up,
his mouth rotten, his eyes gouged out,—that was how he
dreamed of himself!—and drag me into the room howl-
ing his dream of stupid sorrow.

J'avais en effet, en toute sincérité d'esprit, pris l'engagement de le rendre à son état primitif de fils du soleil,— et nous errions, nourris du vin des cavernes et du biscuit de la route, moi pressé de trouver le lieu et la formule.

I had in fact, and in all spiritual sincerity, taken on the mission of returning him to his original state of child of the sun,—and we wandered, nourished with the wine of the caverns and the hard tack of the highway, with me determined to find the location and the recipe.

VILLES [I]

L'acropole officielle outre les conceptions de la barbarie moderne les plus colossales. Impossible d'exprimer le jour mat produit par le ciel immuablement gris, l'éclat impérial des bâtisses, et la neige éternelle du sol. On a reproduit dans un goût d'énormité singulier toutes les merveilles classiques de l'architecture. J'assiste à des expositions de peinture dans des locaux vingt fois plus vastes qu'Hampton-Court. Quelle peinture! Un Nabuchodonosor norwégien a fait construire les escaliers des ministères; les subalternes que j'ai pu voir sont déjà plus fiers que des Brahmas et j'ai tremblé à l'aspect de colosses des gardiens et officiers de constructions. Par le groupement des bâtiments en squares, cours et terrasses fermées, on a évincé les cochers. Les parcs représentent la nature primitive travaillée par un art superbe. Le haut quartier a des parties inexplicables: un bras de mer, sans bateaux, roule sa nappe de grésil bleu entre des quais chargés de candélabres géants. Un pont court conduit à

CITIES [I]

The official acropolis beggars the most colossal conceptions of modern barbarity. Impossible to express the dull light produced by the perpetually gray sky, the imperial glint of the barracklike buildings, the eternal snow on the ground. With a singular taste for enormity, they have reproduced all the classical marvels of architecture. I attend art exhibitions in spaces twenty times vaster than Hampton Court. And what paintings! A Norwegian Nebuchadnezzar commissioned the staircases of the ministries; even the flunkies that I was able to glimpse are more haughty than Brahmas and I shuddered at the colossal aspect of the caretakers and construction officials. Thanks to the ordering of buildings into squares, courtyards and enclosed terraces, cabdrivers have been kept out. The parks represent primitive nature detailed with superb technical mastery. The upper zone has inexplicable parts: an arm of the sea, with no boats, unrolls its layer of blue sleet between quays weighted with giant

une poterne immédiatement sous le dôme de la Sainte-Chapelle. Ce dôme est une armature d'acier artistique de quinze mille pieds de diamètre environ.

Sur quelques points des passerelles de cuivre, des plates-formes, des escaliers qui contournent les halles et les piliers, j'ai cru pouvoir juger la profondeur de la ville! C'est le prodige dont je n'ai pu me rendre compte: quels sont les niveaux des autres quartiers sur ou sous l'acropole? Pour l'étranger de notre temps la reconnaissance est impossible. Le quartier commerçant est un circus d'un seul style, avec galeries à arcades. On ne voit pas de boutiques. Mais la neige de la chaussée est écrasée; quelques nababs aussi rares que les promeneurs d'un matin de dimanche à Londres, se dirigent vers une diligence de diamants. Quelques divans de velours rouge: on sert des boissons polaires dont le prix varie de huit cents à huit mille roupies. A l'idée de chercher des théâtres sur ce circus, je me réponds que les boutiques doivent contenir des drames assez sombres. Je pense qu'il y a une police, mais la loi doit être tellement étrange, que je renonce à me faire une idée des aventuriers d'ici.

Le faubourg aussi élégant qu'une belle rue de Paris est favorisé d'un air de lumière. L'élément démocratique compte quelque cent âmes. Là encore les maisons ne se

candelabra. A short bridge leads to a vaulted passage directly beneath the dome of the Sainte-Chapelle. This dome is an armature of artistically wrought steel approximately fifteen thousand feet in diameter.

At several points on the copper footbridges, the platforms, the stairways that wind around covered markets and pillars, I thought I could judge the depth of the city! It's the wonder of it that I was unable to seize: what are the relative levels of the other districts above or below the acropolis? For today's tourist, orientation is impossible. The business district is a circus built in a uniform style, with arcaded galleries. No shops to be seen. But the snow on the pavement is trampled; a few nabobs as rare as Sunday morning strollers in London are making their way toward a diamond-studded stagecoach. A few red velvet divans: they serve arctic beverages whose price varies from eight hundred to eight thousand rupees. To the notion of seeking out a theater in this circus, I would reply that the shops must contain dramas that are sordid enough. I think there is a police force, but the laws must be so strange that I give up trying to imagine what the rogues here must be like.

The suburb as elegant as any fine street of Paris has the advantage of air that is like light. The democratic element is made up of some hundred souls. Here too the

suivent pas; le faubourg se perd bizarrement dans la campagne, le «Comté» qui remplit l'occident éternel des forêts et des plantations prodigieuses où les gentils-hommes sauvages chassent leurs chroniques sous la lumière qu'on a créée.

houses don't follow one another; the suburb loses itself bizarrely in the countryside, the "County" that fills up the eternal west of forests and prodigious plantations where savage gentlefolk hunt down their gossip columns by artificial light.

VEILLÉES

I

C'est le repos éclairé, ni fièvre ni langueur, sur le lit ou sur le pré.

C'est l'ami ni ardent ni faible. L'ami.

C'est l'aimée ni tourmentante ni tourmentée. L'aimée.

L'air et le monde point cherchés. La vie.

—Était-ce donc ceci?

—Et le rêve fraîchit.

II

L'éclairage revient à l'arbre de bâtisse. Des deux extrémités de la salle, décors quelconques, des élévations harmoniques se joignent. La muraille en face du veilleur est

VIGILS

I

It's repose lit up, neither fever nor languor, on the bed or on the meadow.

It's the friend who's neither ardent nor weak. The friend.

It's the beloved who's neither tormenting nor tormented. The beloved.

The air and the world not sought for. Life.

—Then it was only this?

—And the dream cools.

II

Light comes back to the central pillar. From both ends of the room, mediocre décor, harmonic blueprints merge. The wall facing the watcher is a psychological succession

une succession psychologique de coupes de frises, de bandes atmosphériques et d'accidences géologiques.—Rêve intense et rapide de groupes sentimentaux avec des êtres de tous les caractères parmi toutes les apparences.

III

Les lampes et les tapis de la veillée font le bruit des vagues, la nuit, le long de la coque et autour du steerage.

La mer de la veillée, telle que les seins d'Amélie.

Les tapisserics, jusqu'à mi-hauteur, des taillis de dentelle, teinte d'émeraude, où se jettent les tourterelles de la veillée.

. . . .

La plaque du foyer noir, de réels soleils des grèves: ah! puits des magies; seule vue d'aurore, cette fois.

of cross sections of friezes, atmospheric bands and geo-
logical accidents.—Intense and rapid dream of senti-
mental groups with creatures of every kind of character
and of every aspect.

III

The lamps and carpets of the vigil produce the sound of
waves, at night, along the hull and around the steerage.

The sea of the vigil, like Amélie's breasts.

The tapestries, halfway up the walls, thickets of lace,
emerald hued, on which the doves of the vigil fling
themselves.

. . . .

The black hearth's fireback, real suns of shores: ah!
wells of magics; sole view of dawn, this time.

MYSTIQUE

Sur la pente du talus les anges tournent leurs robes de laine dans les herbages d'acier et d'émeraude.

Des prés de flammes bondissent jusqu'au sommet du mamelon. A gauche le terreau de l'arête est piétiné par tous les homicides et toutes les batailles, et tous les bruits désastreux filent leur courbe. Derrière l'arête de droite la ligne des orients, des progrès.

Et tandis que la bande en haut du tableau est formée de la rumeur tournante et bondissante des conques des mers et des nuits humaines,

La douceur fleurie des étoiles et du ciel et du reste descend en face du talus, comme un panier, contre notre face, et fait l'abîme fleurant et bleu là-dessous.

MYSTICAL

On the slope of the embankment, angels swirl their woolen dresses through pastures of steel and emerald.

Meadows of flame leap to the top of the knoll. On the left, the compost of the ridge has been trampled by all the homicides and all the battles, and all the catastrophic sounds describe their curve. Behind the right-hand ridge is the line of orients, of progress.

And while the strip at the top of the picture is fashioned from the turning and leaping sound of the conches of the sea and of human nights,

The flowery sweetness of stars and sky and the rest descends opposite the embankment, like a basket, against our face, and creates the flowering and blue abyss down there.

AUBE

J'ai embrassé l'aube d'été.

Rien ne bougeait encore au front des palais. L'eau était morte. Les camps d'ombres ne quittaient pas la route du bois. J'ai marché, réveillant les haleines vives et tièdes, et les pierreries regardèrent, et les ailes se levèrent sans bruit.

La première entreprise fut, dans le sentier déjà empli de frais et blêmes éclats, une fleur qui me dit son nom.

Je ris au wasserfall blond qui s'échevela à travers les sapins: à la cime argentée je reconnus la déesse.

Alors je levai un à un les voiles. Dans l'allée, en agitant les bras. Par la plaine, où je l'ai dénoncée au coq. A la grand'ville elle fuyait parmi les clochers et les dômes, et courant comme un mendiant sur les quais de marbre, je la chassais.

DAWN

I embraced the summer dawn.

Nothing was moving yet on the façades of palaces. The water was still. Encampments of shadows still lingered along the road through the woods. I walked, waking living and warm breaths, and jewels looked on, and wings arose noiselessly.

The first undertaking, in the pathway already filled with fresh, pale sparkles, was a flower which told me its name.

I laughed at the blond wasserfall disheveling itself through the pines: at its silver summit, I recognized the goddess.

Then I lifted the veils one by one. In the pathway, gesticulating. On the plain, where I denounced her to the cock. In the great city she fled among the steeples and domes, and running like a beggar along the marble quays, I chased her.

En haut de la route, près d'un bois de lauriers, je l'ai entourée avec ses voiles amassés, et j'ai senti un peu son immense corps. L'aube et l'enfant tombèrent au bas du bois.

Au réveil il était midi.

Farther up the road, near a laurel grove, I wrapped her in the veils I had collected, and I felt, a little, her immense body. Dawn and the child fell to the bottom of the wood.

When I awoke it was noon.

FLEURS

D'un gradin d'or,—parmi les cordons de soie, les gazes grises, les velours verts et les disques de cristal qui noircissent comme du bronze au soleil,—je vois la digitale s'ouvrir sur un tapis de filigranes d'argent, d'yeux et de chevelures.

Des pièces d'or jaune semées sur l'agate, des piliers d'acajou supportant un dôme d'émeraudes, des bouquets de satin blanc et de fines verges de rubis entourent la rose d'eau.

Tels qu'un dieu aux énormes yeux bleus et aux formes de neige, la mer et le ciel attirent aux terrasses de marbre la foule des jeunes et fortes roses.

FLOWERS

From an arena's gold tier,—among silk cords, gray gauze, green velvets and crystal discs which blacken in the sun like bronze,—I see the foxglove open on a carpet of silver filigree, of eyes and tresses.

Yellow-gold coins strewn across agate, mahogany columns supporting an emerald dome, bouquets of white satin and slender ruby stems surround the water rose.

Like a god with enormous blue eyes and a body of snow, sea and sky draw the crowd of young, strong roses to the marble terraces.

NOCTURNE
VULGAIRE

Un souffle ouvre des brèches operadiques dans les cloisons,—brouille le pivotement des toits rongés,—disperse les limitcs des foyers,—éclipse les croisées.—Le long de la vigne, m'étant appuyé du pied à une gargouille,—je suis descendu dans ce carrosse dont l'époque est assez indiquée par les glaces convexes, les panneaux bombés et les sophas contournés—Corbillard de mon sommeil, isolé, maison de berger de ma niaiserie, le véhicule vire sur le gazon de la grande route effacée; et dans un défaut en haut de la glace de droite tournoient les blêmes figures lunaires, feuilles, seins.

—Un vert et un bleu très foncés envahissent l'image. Dételage aux environs d'une tache de gravier.

—Ici, va-t-on siffler pour l'orage, et les Sodomes,—et les Solymes,—et les bêtes féroces et les armées,

COMMON
NOCTURNE

A gust of wind opens up opera-like breaches in the walls,
—scrambles the swivelling of corroded roofs,—scatters
the outlines of hearths,—eclipses casement windows.—
Along the vineyard, placing one foot on a gargoyle to
steady myself,—I entered this coach whose period is
amply indicated by its convex windows, bulging panels,
curved banquettes—Hearse of my sleep, lonely, rolling
shepherd's hut of my idiocy, the vehicle turns onto the
turf of the effaced highway; and in a flaw at the top of
the right-hand window, ashen lunar faces, leaves, breasts
are swirling.

    —A very deep green and blue invade the picture.
Unhitching somewhere near a patch of gravel.

    —Here we'll whistle for the storm, and for Sodoms,—
and Solymas,—and wild beasts and armies,

—(Postillon et bêtes de songe reprendront-ils sous les plus suffocantes futaies, pour m'enfoncer jusqu'aux yeux dans la source de soie).

—Et nous envoyer, fouettés à travers les eaux clapotantes et les boissons répandues, rouler sur l'aboi des dogues . . .

—Un souffle disperse les limites du foyer.

—(Will the postilion and beasts of the dream start up again under suffocating forests, to plunge me up to the eyes in the silken spring).

—And send us, lashed across choppy waters and spilled drinks, rolling to the barking of mastiffs . . .

—A gust of wind scatters the outlines of the hearth.

MARINE

Les chars d'argent et de cuivre—
Les proues d'acier et d'argent—
Battent l'écume,—
Soulèvent les souches des ronces.
  Les courants de la lande,
Et les ornières immenses du reflux
Filent circulairement vers l'est,
Vers les piliers de la forêt,—
Vers les fûts de la jetée,
Dont l'angle est heurté par des tourbillons de lumière.

SEASCAPE

Silver and copper chariots—
Steel and silver ship's bows—
Hammer the foam,—
Heave up stumps of brambles.
   The currents of the heath,
And the huge ruts of the ebb tide
Swirl toward the east,
Toward the pillars of the forest,—
Toward the timbers of the pier,
Whose angle is struck by whirlpools of light.

FÊTE D'HIVER

La cascade sonne derrière les huttes d'opéra-comique.
Des girandoles prolongent, dans les vergers et les allées
voisins du Méandre,—les verts et les rouges du cou-
chant. Nymphes d'Horace coiffées au Premier Empire,
—Rondes Sibériennes, Chinoises de Boucher.

WINTER FESTIVAL

The waterfall echoes behind comic-opera huts. Trails of skyrockets lengthen, in orchards and garden paths along the Meander,—the greens and reds of the setting sun. Nymphs out of Horace with Directoire coiffures,— Siberian folk dances, Chinese girls painted by Boucher.

ANGOISSE

Se peut-il qu'Elle me fasse pardonner les ambitions continuellement écrasées,—qu'une fin aisée répare les âges d'indigence,—qu'un jour de succès nous endorme sur la honte de notre inhabileté fatale,

(O palmes! diamant!—Amour, force!—plus haut que toutes joies et gloires!—de toutes façons, partout,— Démon, dieu,—Jeunesse de cet être-ci; moi!)

Que des accidents de féerie scientifique et des mouvements de fraternité sociale soient chéris comme restitution progressive de la franchise première? . . . .

Mais la Vampire qui nous rend gentils commande que nous nous amusions avec ce qu'elle nous laisse, ou qu'autrement nous soyons plus drôles.

Rouler aux blessures, par l'air lassant et la mer; aux supplices, par le silence des eaux et de l'air meurtriers; aux tortures qui rient, dans leur silence atrocement houleux.

ANGUISH

Is it possible that She will have me pardoned for my continually squelched ambitions,—that an affluent end is compensation enough for ages of poverty,—that a day's success can lull us to sleep, forgetting the shame of our fatal ineptitude,

(O palms! diamond!—Love, strength!—higher than all joy and glory!—of every kind, everywhere,—Demon, god,—Young age of this being; me!)

That accidents of scientific magic and movements of social brotherhood are to be cherished as the progressive restitution of our first freedom? . . . .

But the Vampire who makes us behave ordains that we amuse ourselves with what she doles out to us, or that we be otherwise more entertaining.

To roll with one's wounds, through the wearying air and the sea; with physical torment, through the silence of murderous water and air; with tortures that laugh, in their heinously stormy silence.

MÉTROPOLITAIN

Du détroit d'indigo aux mers d'Ossian, sur le sable rose et orange qu'a lavé le ciel vineux viennent de monter et de se croiser des boulevards de cristal habités incontinent par de jeunes familles pauvres qui s'alimentent chez les fruitiers. Rien de riche.—La ville!

Du désert de bitume fuient droit en déroute avec les nappes de brumes échelonnées en bandes affreuses au ciel qui se recourbe, se recule et descend, formé de la plus sinistre fumée noire que puisse faire l'Océan en deuil, les casques, les roues, les barques, les croupes.—La bataille!

Lève la tête: ce pont de bois, arqué; les derniers potagers de Samarie; ces masques enluminés sous la lanterne fouettée par la nuit froide; l'ondine niaise à la robe bruyante, au bas de la rivière; les crânes lumineux dans les plants de pois—et les autres fantasmagories—La campagne.

Des routes bordées de grilles et de murs, contenant à peine leurs bosquets, et les atroces fleurs qu'on appel-

METROPOLITAN

From the indigo strait to the seas of Ossian, on the pink and orange sand bathed by the wine-colored sky, crystal boulevards rise up and intersect, immediately populated by poor families who shop for groceries at the fruit stands. Nothing posh.—The city!

From the asphalt desert flee helmets, wheels, small boats, equine rumps in full retreat with layers of mist spaced in horrid strips at regular intervals in the sky that bends back, recedes and descends, formed of the most ominous-looking black smoke that the Ocean in mourning can produce.—The battle!

Look up: this wooden bridge, arched; the last market gardens of Samaria; those illuminated masks under the lantern flailed by the cold night; the foolish mermaid in the garish dress, at the bottom of the river; the luminous skulls in the pea patch—and the other phantasmagoria —The country.

Highways bordered by gates and walls that barely contain their groves, and the horrible flowers that might be

lerait cœurs et sœurs, Damas damnant de longueur,—
possessions de féeriques aristocraties ultra-Rhénanes,
Japonaises, Guaranies, propres encore à recevoir la musi-
que des anciens—et il y a des auberges qui pour toujours
n'ouvrent déjà plus—il y a des princesses, et si tu n'es pas
trop accablé, l'étude des astres—Le ciel.

Le matin où avec Elle, vous vous débattîtes parmi les
éclats de neige, les lèvres vertes, les glaces, les drapeaux
noirs et les rayons bleus, et les parfums pourpres du soleil
des pôles,—ta force.

called hearts and sisters, the road to Damascus damn-ing in its length,—the chattels of fairy-tale aristocracies beyond the Rhine, or Japanese, or Guaranian, still capa-ble of receiving ancestral music—and there are inns that will never open again—there are princesses, and if you're not too weary, the study of the stars and planets—The sky.

The morning when, with Her, you thrashed about amid shards of snow, your lips green, ice, black banners and blue rays, and the purple perfumes of the polar sun, —your strength.

BARBARE

Bien après les jours et les saisons, et les êtres et les pays,

Le pavillon en viande saignante sur la soie des mers et des fleurs arctiques; (elles n'existent pas.)

Remis des vieilles fanfares d'héroïsme—qui nous attaquent encore le cœur et la tête—loin des anciens assassins—

Oh! Le pavillon en viande saignante sur la soie des mers et des fleurs arctiques; (elles n'existent pas)

Douceurs!

Les brasiers pleuvant aux rafales de givre,—Douceurs!—les feux à la pluie du vent de diamants jetée par le cœur terrestre éternellement carbonisé pour nous.—O monde!—

(Loin des vieilles retraites et des vieilles flammes, qu'on entend, qu'on sent,)

Les brasiers et les écumes. La musique, virement des gouffres et choc des glaçons aux astres.

BARBARIAN

Long after the days and the seasons, and the beings and the countries,

The pennant of bloody meat against the silk of arctic seas and flowers; (they don't exist.)

Recovered from old fanfares of heroism—which still attack our hearts and heads—far from the ancient assassins—

Oh! The pennant of bloody meat against the silk of arctic seas and flowers; (they don't exist)

Sweetness!

Live coals raining down gusts of frost,—Sweetness!—those flashes in the rain of the wind of diamonds thrown down by the terrestrial heart eternally charred for us.—O world!—

(Far from the old refuges and the old fires that we can hear, can smell,)

The live coals and the foam. Music, wheeling of abysses and shock of ice floes against the stars.

O Douceurs, ô monde, ô musique! Et là, les formes, les sueurs, les chevelures et les yeux, flottant. Et les larmes blanches, bouillantes,—ô douceurs!—et la voix féminine arrivée au fond des volcans et des grottes arctiques.

Le pavillon . . . . .

O Sweetness, O world, O music! And there, shapes, sweat, tresses and eyes, floating. And the white, boiling tears,—O sweetness!—and the voice of woman reaching to the depths of the arctic volcanoes and caverns.

The pennant . . . . .

SOLDE

A vendre ce que les Juifs n'ont pas vendu, ce que noblesse ni crime n'ont goûté, ce qu'ignorent l'amour maudit et la probité infernale des masses: ce que le temps ni la science n'ont pas à reconnaître:

Les Voix reconstituées; l'éveil fraternel de toutes les énergies chorales et orchestrales et leurs applications instantanées; l'occasion, unique, de dégager nos sens!

A vendre les Corps sans prix, hors de toute race, de tout monde, de tout sexe, de toute descendance! Les richesses jaillissant à chaque démarche! Solde de diamants sans contrôle!

A vendre l'anarchie pour les masses; la satisfaction irrépressible pour les amateurs supérieurs; la mort atroce pour les fidèles et les amants!

A vendre les habitations et les migrations, sports, féeries et conforts parfaits, et le bruit, le mouvement et l'avenir qu'ils font!

CLEARANCE

For sale: what the Jews haven't sold yet, what neither the nobility nor crime has tasted yet, what shameful love and the infernal probity of the masses still don't know: what neither time nor study is obliged to recognize:

Reconstituted Voices; fraternal awakening of all choral and orchestral energies and their immediate application; the chance, the only one, to disengage our senses!

For sale: priceless Bodies, forget all limitations of race, of world, of sex, of lineage! Wealth spurts up at every step! Unsupervised sale of diamonds!

For sale: anarchy for the people; irrepressible satisfaction for select connoisseurs; an atrocious death for the devout and for lovers!

For sale: housing and migrations, sports, extravagant spectacles, and total comfort, and the noise, the activity and the future that they build!

A vendre les applications de calcul et les sauts d'harmonie inouïs. Les trouvailles et les termes non soupçonnés, possession immédiate,

Élan insensé et infini aux splendeurs invisibles, aux délices insensibles,—et ses secrets affolants pour chaque vice—et sa gaîté effrayante pour la foule—

—A vendre les Corps, les voix, l'immense opulence inquestionable, ce qu'on ne vendra jamais. Les vendeurs ne sont pas à bout de solde! Les voyageurs n'ont pas à rendre leur commission de si tôt!

For sale: the uses of arithmetic and unsuspected harmonic intervals. Bargains and unheard-of terms, with immediate occupancy,

Mad and infinite momentum toward invisible splendors, imperceptible delights,—and its secrets that madden every vice—and its gaiety that frightens the masses—

—For sale: Bodies, voices, immense unarguable opulence, what will never be sold. The vendors haven't stopped selling! Traveling salesmen won't have to hand in their receipts just yet!

FAIRY

Pour Hélène se conjurèrent les sèves ornementales dans les ombres vierges et les clartés impassibles dans le silence astral. L'ardeur de l'été fut confiée à des oiseaux muets et l'indolence requise à une barque de deuils sans prix par des anses d'amours morts et de parfums affaissés.

—Après le moment de l'air des bûcheronnes à la rumeur du torrent sous la ruine des bois, de la sonnerie des bestiaux à l'écho des vals, et des cris des steppes.—

Pour l'enfance d'Hélène frissonnèrent les fourrures et les ombres—et le sein des pauvres, et les légendes du ciel.

Et ses yeux et sa danse supérieurs encore aux éclats précieux, aux influences froides, au plaisir du décor et de l'heure uniques.

FAIRY

For Helen, decorative saps conspired in virgin shade and impassive brightness in the silence of the stars. The summer's ardor was entrusted to mute birds and the requisite indolence to a luxurious funeral barge moving through coves of extinct loves and collapsed perfumes.

—After the moment of the female woodcutters' aria to the accompaniment of a torrent in ruined woods, from cowbells echoing in the valleys, and the cries of the steppes.—

For Helen's childhood, furs and shadows quivered—and the bosom of the poor, and the legends of the sky.

And her eyes and her dance superior even to the precious glitter, the cold influences, the pleasure of the unique setting and hour.

GUERRE

Enfant, certains ciels ont affiné mon optique: tous les caractères nuancèrent ma physionomie. Les Phénomènes s'émurent.—A présent, l'inflexion éternelle des moments et l'infini des mathématiques me chassent par ce monde où je subis tous les succès civils, respecté de l'enfance étrange et des affections énormes.—Je songe à une Guerre de droit ou de force, de logique bien imprévue.

C'est aussi simple qu'une phrase musicale.

WAR

In childhood, certain skies focused my seeing: all characters modulated my features. Phenomena were set in motion.—Now, the eternal inflection of moments and the infinity of mathematics chase me across this world where I undergo every civil success, respected by strange childhood and abnormally large affections.—I dream of a War of righteousness or force, whose logic will be quite unexpected.

It's as simple as a musical phrase.

JEUNESSE

I

DIMANCHE

Les calculs de côté, l'inévitable descente du ciel et la visite des souvenirs et la séance des rythmes occupent la demeure, la tête et le monde de l'esprit.

——Un cheval détale sur le turf suburbain, et le long des cultures et des boisements, percé par la peste carbonique. Une misérable femme de drame, quelque part dans le monde, soupire après des abandons improbables. Les desperadoes languissent après l'orage, l'ivresse et les blessures. De petits enfants étouffent des malédictions le long des rivières.——

Reprenons l'étude au bruit de l'œuvre dévorante qui se rassemble et remonte dans les masses.

YOUTH

I

Once we put our calculations aside, the inevitable descent of the sky and visiting memories and the séance of rhythms occupy the home, the head and the world of the mind.

—Stung by the carbonic plague a horse is off and running on suburban turf, bordering cultivated fields and tree farms. Somewhere in the world a distraught woman in a melodrama sighs over unlikely desertions. Desperadoes yearn for the storm, drunkenness and wounds. Children choke back curses along the riverbanks.—

Let's resume studying amid the clamor of the devouring task that is once more forming and rising up among the masses.

II

SONNET

Homme de constitution ordinaire, la chair
n'était-elle pas un fruit pendu dans le verger;—o
journées enfantes!—le corps un trésor à prodiguer;—o
aimer, le péril ou la force de Psyché? La terre
avait des versants fertiles en princes et en artistes
et la descendance et la race vous poussaient aux
crimes et aux deuils: le monde votre fortune et votre
péril. Mais à présent, ce labeur comblé,—toi, tes calculs,
—toi, tes impatiences—ne sont plus que votre danse et
votre voix, non fixées et point forcées, quoique d'un double
événement d'invention et de succès une raison,
—en l'humanité fraternelle et discrète par l'univers,
sans images;—la force et le droit réfléchissent la
danse et la voix à présent seulement appréciées.

II

SONNET

Man of average build, wasn't the flesh
a fruit hung in the orchard;—O
childlike days!—the body a treasure to be squandered;—O
loving, the danger or the strength of Psyche? Earth
had slopes fertile in princes and artists,
and lineage and race drove you
to crimes and mourning: the world your fortune and
your peril. But now, that labor accomplished,—you, your
    calculations,
—you, your impatience—are nothing but your dance
and your voice, not fixed and in no way forced, yet reason
enough for a double happening of invention and success,
—in fraternal and discreet humanity through the
    pictureless
universe;—strength and rectitude reflect
the dance and the voice only now appreciated.

III

VINGT ANS

Les voix instructives exilées.... L'ingénuité physique amèrement rassise....—Adagio—Ah! l'égoïsme infini de l'adolescence, l'optimisme studieux: que le monde était plein de fleurs cet été! Les airs et les formes mourant....—Un chœur, pour calmer l'impuissance et l'absence! Un chœur de verres, de mélodies nocturnes.... En effet les nerfs vont vite chasser.

IV

Tu en es encore à la tentation d'Antoine. L'ébat du zèle écourté, les tics d'orgueil puéril, l'affaissement et l'effroi.

Mais tu te mettras à ce travail: toutes les possibilités harmoniques et architecturales s'émouvront autour de ton siège. Des êtres parfaits, imprévus, s'offriront à tes expériences. Dans tes environs affluera rêveusement la curiosité d'anciennes foules et de luxes oisifs. Ta mémoire et tes sens ne seront que la nourriture de ton impulsion créatrice. Quant au monde, quand tu sortiras, que sera-t-il devenu? En tout cas, rien des apparences actuelles.

III

The voices of instruction exiled.... Physical naïveté bitterly becalmed....—Adagio—Ah! the endless egoism of adolescence, studious optimism: how full of flowers the world was that summer! Dying songs and shapes.... —A choir, to calm helplessness and absence! A choir of glasses, of nocturnal tunes.... It's true our nerves will have soon capsized.

IV

You're still at the stage of the temptation of St. Anthony. The frolicking of zeal sidelined, the tics of childish pride, the collapse and the fright.

But you'll get down to work: all the harmonic and architectural possibilities will be roused around your station. Perfect, unforeseen beings will offer themselves to your experiments. Wherever you are the curiosity of ancient crowds and idle luxuries will abound. Your memory and your senses will be nothing more than the food of your creative impulse. As for the world, when you go out, what will it have become? In any case, nothing like the appearances of today.

PROMONTOIRE

L'aube d'or et la soirée frissonnante trouvent notre brick en large en face de cette villa et de ses dépendances, qui forment un promontoire aussi étendu que l'Épire et le Péloponnèse, ou que la grande île du Japon, ou que l'Arabie! Des fanums qu'éclaire la rentrée des théories, d'immenses vues de la défense des côtes modernes; des dunes illustrées de chaudes fleurs et de bacchanales; de grands canaux de Carthage et des Embankments d'une Venise louche; de molles éruptions d'Etnas et des crevasses de fleurs et d'eaux des glaciers; des lavoirs entourés de peupliers d'Allemagne; des talus de parcs singuliers penchant des têtes d'Arbre du Japon; les façades circulaires des «Royal» ou des «Grand» de Scarbro' ou de Brooklyn; et leurs railways flanquent, creusent, surplombent les dispositions de cet Hôtel, choisies dans l'histoire des plus élégantes et des plus colossales constructions de l'Italie, de l'Amérique et de l'Asie, dont les fenêtres et les terrasses à présent pleines d'éclairages, de boissons et de

PROMONTORY

Golden dawn and tremulous evening find our brig off shore, facing this villa and its dependencies, which form a promontory as vast as Epirus and the Peloponnesus, or the great island of Japan, or Arabia! Temples lit up by returning processions, immense vistas of the fortifications of modern coastlines; dunes illustrated with warm flowers and bacchanals; grand canals of Carthage and Embankments of a louche Venice; languid eruptions of Etnas and fissures of flowers and water in glaciers; public washhouses surrounded by German poplars; slopes of singular parks inclining the tops of Japanese cherry trees; the circular façades of the "Royal" and the "Grand" in Scarborough or Brooklyn; and their railways flank, tunnel under and overhang the appointments of this Hotel, chosen from the history of the most elegant and colossal structures of Italy, America and Asia, whose windows and terraces, presently awash with decorative lighting, drinks

brises riches, sont ouvertes à l'esprit des voyageurs et des nobles—qui permettent, aux heures du jour, à toutes les tarentelles des côtes,—et même aux ritournelles des vallées illustres de l'art, de décorer merveilleusement les façades du Palais-Promontoire.

and lush breezes, are open to the minds of travelers and noblemen—which, during the daytime hours, allow all the tarantellas of the coast,—and even the ritornellos of celebrated vales of art, to decorate wondrously the façades of the Promontory-Palace.

SCÈNES

L'ancienne Comédie poursuit ses accords et divise ses Idylles:

Des boulevards de tréteaux.

Un long pier en bois d'un bout à l'autre d'un champ rocailleux où la foule barbare évolue sous les arbres dépouillés.

Dans des corridors de gaze noire suivant le pas des promeneurs aux lanternes et aux feuilles.

Des oiseaux des mystères s'abattent sur un ponton de maçonnerie mû par l'archipel couvert des embarcations des spectateurs.

Des scènes lyriques accompagnées de flûte et de tambour s'inclinent dans des réduits ménagés sous les plafonds, autour des salons de clubs modernes ou des salles de l'Orient ancien.

La féerie manœuvre au sommet d'un amphithéâtre couronné par les taillis,—Ou s'agite et module pour les

SCENES

The ancient Theater pursues its agreements and segments its Idylls:

Boulevards of mountebanks' stages.

A long wooden pier from one end to the other of a stony field where the barbarous crowd circulates under leafless trees.

In corridors of black gauze following in the footsteps of strollers carrying lanterns and leaves.

Birds from mystery plays swoop down on a masonry pontoon set in motion by the canopied archipelago of the spectators' pleasure craft.

Operatic scenes accompanied by flute and drum look down from crawl spaces contrived under the ceilings, around the salons of modern clubs or audience chambers of the ancient Orient.

The magic spectacle maneuvers at the top of an amphitheater crowned with thickets,—Or moves and modu-

Béotiens, dans l'ombre des futaies mouvantes sur l'arête des cultures.

L'opéra-comique se divise sur une scène à l'arête d'intersection de dix cloisons dressées de la galerie aux feux.

lates for the benefit of the unlettered, in the shadow of waving forests on the crests of cultivated fields.

The comic opera is divided on a stage atop the intersection of ten partitions erected from the balcony to the footlights.

SOIR HISTORIQUE

En quelque soir, par exemple, que se trouve le touriste naïf, retiré de nos horreurs économiques, la main d'un maître anime le clavecin des prés; on joue aux cartes au fond de l'étang, miroir évocateur des reines et des mignonnes, on a les saintes, les voiles, et les fils d'harmonie, et les chromatismes légendaires, sur le couchant.

Il frissonne au passage des chasses et des hordes. La comédie goutte sur les tréteaux de gazon. Et l'embarras des pauvres et des faibles sur ces plans stupides!

A sa vision esclave,—l'Allemagne s'échafaude vers des lunes; les déserts tartares s'éclairent—les révoltes anciennes grouillent dans le centre du Céleste Empire; par les escaliers et les fauteuils de rois, un petit monde blême et plat, Afrique et Occidents, va s'édifier. Puis un ballet de mers et de nuits connues, une chimie sans valeur, et des mélodies impossibles.

La même magie bourgeoise à tous les points où la

HISTORIC EVENING

For example, on whatever evening the naïve tourist finds himself retired from our economic horrors, the hand of a virtuoso animates the harpsichord of the fields; they're playing cards at the bottom of the pond, mirror that conjures up queens and favorites, they have female saints, veils, and threads of harmony, and legendary chromaticisms, against the sunset.

He shudders at the passing of huntsmen and hordes. Comedy drips onto the trestles of the lawn. And the confusion of the poor and the weak at those stupid levels!

In his enslaved vision,—Germany erects a scaffold toward the moons; the deserts of Tartary light up— ancient revolts swarm at the core of the Celestial Empire; along stairways and thrones of kings, a little world, pale and flat, Africa and Occidents, will be constructed. Then a ballet of known seas and nights, a worthless chemistry, and impossible arias.

The same bourgeois magic at every port where the

malle nous déposera! Le plus élémentaire physicien sent qu'il n'est plus possible de se soumettre à cette atmosphère personnelle, brume de remords physiques, dont la constatation est déjà une affliction.

Non!—Le moment de l'étuve, des mers enlevées, des embrasements souterrains, de la planète emportée, et des exterminations conséquentes, certitudes si peu malignement indiquées dans la Bible et par les Nornes et qu'il sera donné à l'être sérieux de surveiller.—Cependant ce ne sera point un effet de légende!

mail boat deposits us! The most rudimentary natural philosopher knows it's no longer possible to submit oneself to this personal atmosphere, mist of physical remorse, the mere awareness of which is already an affliction.

No!—The moment of the sweat lodge, of seas snatched away, of underground conflagrations, of the angry planet, and the resulting exterminations, certitudes so unmaliciously indicated in the Bible and by the Norns and which will be offered to the inspection of every serious being.— Only it will not be like a fairy tale!

BOTTOM

La réalité étant trop épineuse pour mon grand caractère,
—je me trouvai néanmoins chez ma dame, en gros
oiseau gris bleu s'essorant vers les moulures du plafond
et traînant l'aile dans les ombres de la soirée.

Je fus, au pied du baldaquin supportant ses bijoux
adorés et ses chefs-d'œuvre physiques, un gros ours aux
gencives violettes et au poil chenu de chagrin, les yeux
aux cristaux et aux argents des consoles.

Tout se fit ombre et aquarium ardent.

Au matin,—aube de juin batailleuse,—je courus aux
champs, âne, claironnant et brandissant mon grief, jus-
qu'à ce que les Sabines de la banlieue vinrent se jeter à
mon poitrail.

BOTTOM

Since reality was too prickly for my lavish personality,—
I found myself nonetheless in my lady's house, got up as
a great blue-gray bird soaring toward the ceiling mold-
ings and dragging my wing through the shadows of the
soirée.

At the foot of the baldaquin supporting her beloved
jewels and her physical masterpieces, I was a large bear
with purple gums and fur turned hoary with grief, my
eyes on the crystal and silver of the credenzas.

Everything turned to shadow and a passionate aquar-
ium.

In the morning,—a bellicose dawn in June,—I ran
to the fields, a donkey, trumpeting and brandishing my
grievance, until the Sabine women of the suburbs came
to throw themselves at my neck.

H

Toutes les monstruosités violent les gestes atroces d'Hortense. Sa solitude est la mécanique érotique, sa lassitude, la dynamique amoureuse. Sous la surveillance d'une enfance elle a été, à des époques nombreuses, l'ardente hygiène des races. Sa porte est ouverte à la misère. Là, la moralité des êtres actuels se décorpore en sa passion ou en son action.—O terrible frisson des amours novices, sur le sol sanglant et par l'hydrogène clarteux! trouvez Hortense.

H

All the monstrosities violate the atrocious gestures of Hortense. Her solitude is the erotic mechanism; her lassitude, the energy of love. Under the surveillance of a childhood she has been, at various epochs, the passionate hygiene of the races. Her door is open to human misery. There, the morality of present-day beings is disincorporated into her passion or her action.——O terrible shudder of novice lovers, on the bloody ground and under the illuminating hydrogen! find Hortense.

MOUVEMENT

Le mouvement de lacet sur la berge des chutes du fleuve,
Le gouffre à l'étambot,
La célérité de la rampe,
L'énorme passade du courant
Mènent par les lumières inouïes
Et la nouveauté chimique
Les voyageurs entourés des trombes du val
Et du strom.

Ce sont les conquérants du monde
Cherchant la fortune chimique personnelle;
Le sport et le comfort voyagent avec eux;
Ils emmènent l'éducation
Des races, des classes et des bêtes, sur ce Vaisseau
Repos et vertige
A la lumière diluvienne,
Aux terribles soirs d'étude.

MOTION

The swaying motion on the bank above the falls,
The chasm behind the stern,
The abruptness of the slope,
The huge leapfrogging of the current
Guide with hitherto unknown lights
And advances in chemistry
The travelers surrounded by waterspouts of the valley
And the maelstrom.

These are the world's conquerors
Seeking their own chemical fortunes;
Sport and comfort travel with them;
They bring education
Of the races, classes and animals, aboard this Vessel
Repose and vertigo
In diluvial light,
In terrible evenings of study.

Car de la causerie parmi les appareils,—le sang, les fleurs,
le feu, les bijoux—
Des comptes agités à ce bord fuyard,
—On voit, roulant comme une digue au delà de la route
hydraulique motrice,
Monstrueux, s'éclairant sans fin,—leur stock d'études;—
Eux chassés dans l'extase harmonique
Et l'héroïsme de la découverte.

Aux accidents atmosphériques les plus surprenants
Un couple de jeunesse s'isole sur l'arche,
—Est-ce ancienne sauvagerie qu'on pardonne?—
Et chante et se poste.

For from chitchat near the machinery,—blood, flowers,
    fire, jewels—
From nervous calculations aboard this fleeing ship,
—You see, rolling like a seawall, beyond the
    hydraulic engines' route,
Monstrous, endlessly enlightened,—their supply of
    studies;—
Themselves hunted in harmonic ecstasy
And the heroism of discovery.

Amid amazing meteorological accidents
A young couple moves away from the others on the ark,
—Is this ancient, pardonable shyness?—
And sings and takes up the watch.

DÉVOTION

A ma sœur Louise Vanaen de Voringhem:—Sa cornette bleue tournée à la mer du Nord.—Pour les naufragés.

A ma sœur Léonie Aubois d'Ashby. Baou—l'herbe d'été bourdonnante et puante.—Pour la fièvre des mères et des enfants.

A Lulu,—démon—qui a conservé un goût pour les oratoires du temps des Amies et de son éducation incomplète. Pour les hommes! A madame xxx.

A l'adolescent que je fus. A ce saint vieillard, ermitage ou mission.

A l'esprit des pauvres. Et à un très haut clergé.

Aussi bien à tout culte en telle place de culte mémoriale et parmi tels événements qu'il faille se rendre, suivant les aspirations du moment ou bien notre propre vice sérieux,

Ce soir à Circeto des hautes glaces, grasse comme le poisson, et enluminée comme les dix mois de la nuit

DEVOTIONS

To my sister Louise Vanaen de Voringhem:—Her blue
nun's coif turned toward the North Sea.—Pray for cast-
aways.

To my sister Léonie Aubois d'Ashby. Baou—the buz-
zing, stinking weed of summer.—Pray for the fever of
mothers and children.

To Lulu,—a demon—who has retained a taste for
chapels of the time of Girlfriends and of her incomplete
education. Pray for men! To madame xxx.

To the adolescent that I was. To this sainted elder, her-
mitage or mission.

To the spirit of the poor. And to a most high clergy.

As well as to all worship in a certain place of memo-
rial worship and among such events as one might be
obliged to witness, according to our aspirations of the
moment or else our own serious vice,

This evening to Circeto of the tall ice, greasy as a fish,
and lit up like the ten months of the red night,—(her

rouge,—(son cœur ambre et spunck),—pour ma seule prière muette comme ces régions de nuit et précédant des bravoures plus violentes que ce chaos polaire.

A tout prix et avec tous les airs, même dans des voyages métaphysiques.—Mais plus *alors*.

heart of amber and spunk),—for my one prayer mute as those regions of night, that precedes exploits of gallantry more violent than this polar rubble.

At any price and with all the airs, even on metaphysical travels.—But no longer *then*.

DÉMOCRATIE

«Le drapeau va au paysage immonde, et notre patois étouffe le tambour.

«Aux centres nous alimenterons la plus cynique prostitution. Nous massacrerons les révoltes logiques.

«Aux pays poivrés et détrempés!—au service des plus monstrueuses exploitations industrielles ou militaires.

«Au revoir ici, n'importe où. Conscrits du bon vouloir, nous aurons la philosophie féroce; ignorants pour la science, roués pour le confort; la crevaison pour le monde qui va. C'est la vraie marche. En avant, route!»

DEMOCRACY

"The flag goes to the filthy landscape, and our dialect stifles the drum.

"On to city centers where we'll nourish the most cynical prostitution. We'll massacre logical rebellions.

"On to peppery and waterlogged countries!—at the service of the most monstrous industrial or military exploitation.

"Farewell here, anywhere. Well-meaning draftees, we'll adopt a ferocious philosophy; ignorant of science, sly for comfort; let the shambling world drop dead. This is the real march. Heads up, forward!"

GÉNIE

Il est l'affection et le présent puisqu'il a fait la maison ouverte à l'hiver écumeux et à la rumeur de l'été, lui qui a purifié les boissons et les aliments, lui qui est le charme des lieux fuyants et le délice surhumain des stations. Il est l'affection et l'avenir, la force et l'amour que nous, debout dans les rages et les ennuis, nous voyons passer dans le ciel de tempête et les drapeaux d'extase.

Il est l'amour, mesure parfaite et réinventée, raison merveilleuse et imprévue, et l'éternité: machine aimée des qualités fatales. Nous avons tous eu l'épouvante de sa concession et de la nôtre: ô jouissance de notre santé, élan de nos facultés, affection égoïste et passion pour lui, lui qui nous aime pour sa vie infinie . . .

Et nous nous le rappelons et il voyage . . . Et si l'Adoration s'en va, sonne, sa promesse sonne: «Arrière ces superstitions, ces anciens corps, ces ménages et ces âges. C'est cette époque-ci qui a sombré!»

Il ne s'en ira pas, il ne redescendra pas d'un ciel, il n'accomplira pas la rédemption des colères de femmes et des

GENIE

He is affection and the present since he opened the house to foaming winter and the hum of summer, he who purified drink and food, he who is the charm of fleeting places and the superhuman deliciousness of staying still. He is affection and the future, strength and love that we, standing amid rage and troubles, see passing in the storm-rent sky and on banners of ecstasy.

He is love, perfect and reinvented measurement, wonderful and unforeseen reason, and eternity: machine beloved for its fatal qualities. We have all experienced the terror of his yielding and of our own: O enjoyment of our health, surge of our faculties, egoistic affection and passion for him, he who loves us for his infinite life . . .

And we remember him and he travels . . . And if the Adoration goes away, resounds, its promise resounds: "Away with those superstitions, those old bodies, those couples and those ages. It's this age that has sunk!"

He won't go away, nor descend from a heaven again, he won't accomplish the redemption of women's anger

gaîtés des hommes et de tout ce péché: car c'est fait, lui étant, et étant aimé.

O ses souffles, ses têtes, ses courses; la terrible célérité de la perfection de formes et de l'action.

O fécondité de l'esprit et immensité de l'univers!

Son corps! Le dégagement rêvé, le brisement de la grâce croisée de violence nouvelle!

Sa vue, sa vue! tous les agenouillages anciens et les peines *relevés* à sa suite.

Son jour! l'abolition de toutes souffrances sonores et mouvantes dans la musique plus intense.

Son pas! les migrations plus énormes que les anciennes invasions.

O lui et nous! l'orgueil plus bienveillant que les charités perdues.

O monde! et le chant clair des malheurs nouveaux!

Il nous a connus tous et nous a tous aimés. Sachons, cette nuit d'hiver, de cap en cap, du pôle tumultueux au château, de la foule à la plage, de regards en regards, forces et sentiments las, le héler et le voir, et le renvoyer, et sous les marées et au haut des déserts de neige, suivre ses vues, ses souffles, son corps, son jour.

and the gaiety of men and of all that sin: for it is now accomplished, with him being, and being loved.

O his breaths, his heads, his racing; the terrible swiftness of the perfection of forms and of action.

O fecundity of the spirit and immensity of the universe!

His body! The dreamed-of release, the shattering of grace crossed with new violence!

The sight, the sight of him! all the ancient kneeling and suffering *lifted* in his wake.

His day! the abolition of all resonant and surging suffering in more intense music.

His footstep! migrations more vast than ancient invasions.

O him and us! pride more benevolent than wasted charities.

O world! and the clear song of new misfortunes!

He has known us all and loved us all. Let us, on this winter night, from cape to cape, from the tumultuous pole to the castle, from the crowd to the beach, from glance to glance, our strengths and feelings numb, learn to hail him and see him, and send him back, and under the tides and at the summit of snowy deserts, follow his seeing, his breathing, his body, his day.

INDEX OF POEMS

ACKNOWLEDGMENTS

Many thanks to Vincent Giroud for his invaluable suggestions regarding translation. Also to David Kermani for keeping track of various drafts and for generally knowing where things are. Georges Borchardt, the most American of French agents (or is it the other way round?), editor Bob Weil of Norton, whose idea this was, wizard designer Jeff Clark (aka Quemadura), Adam Fitzgerald, and Rose Vekony all helped enormously.

Grateful acknowledgment is made to the following publications in which portions of this text first appeared, sometimes in slightly different form: *American Scholar*, *London Review of Books*, *Massachusetts Review*, *The Nation*, *New York Review of Books*, *The New Yorker*, *PEN America*, *PN Review*, *Poetry*, *A Public Space*, and *The Times Literary Supplement*.

ABOUT THE AUTHOR

Arthur Rimbaud (Jean-Nicolas-Arthur Rimbaud) was born in
Charleville, France, on October 20, 1854, the second of four
children. His strict, devoutly Catholic mother came from a
local farming family. His father, an army captain, permanently
abandoned the family six years later. A precocious student at
the local *collège*, Rimbaud was writing verses in French and
Latin by the age of fifteen. Two years later he sent some poems
to the renowned poet Paul Verlaine, who responded with train
fare to Paris and an invitation: "Come, dear great soul. We
summon you, we await you."

Eventually, Verlaine abandoned his wife and child and fled
with Rimbaud to Belgium, then London, marking the begin-
ning of a tumultuous love affair. Their relationship would end
in Brussels a year later, after Verlaine shot Rimbaud, wounding
him in the wrist. The older poet went to prison; the younger
returned to his family's farm in Roche to write poetry.

Though begun before *Une saison en enfer*, the only work he
saw through publication, *Illuminations* would not be published
until 1886, with a brief preface by Verlaine. Rimbaud may have

been unaware of its publication: by that time he had abandoned Europe and poetry to spend the rest of his short life working overseas, finally settling in the Horn of Africa as a trader.

On November 10, 1891, at the age of thirty-seven, he died of cancer in Marseille following the amputation of a leg due to a tumor on his knee. Rimbaud is now considered a patron saint of symbolists and surrealists, and his works—which include *Le bateau ivre* (1871), *Une saison en enfer* (1873), and *Illuminations*—are widely recognized as a major influence on artists from Pablo Picasso to Bob Dylan.

ABOUT THE TRANSLATOR

John Ashbery is the author of more than twenty books of poetry. He is the recipient of many honors, including the Pulitzer Prize, the National Book Award, and a MacArthur "genius" award. Born in Rochester, New York, he was educated at Harvard and Columbia. In 1955 he went to France on a Fulbright Scholarship and spent much of the next decade there, including several years as art critic of the *International Herald Tribune* and Paris correspondent of *ArtNews* magazine.

Ashbery's research on the life and works of Raymond Roussel (1877–1933) resulted in several groundbreaking articles, as well as the appearance in print of the first unpublished work of that writer to come to light after his death. His translations include works by Roussel, Max Jacob, Pierre Reverdy, Stéphane Mallarmé, André Breton, Paul Eluard, and many others; his 2008 translation of Pierre Martory's *The Landscapist* was nominated for a National Book Critics Circle Award in poetry. The French government has named Ashbery both Chevalier of Arts and Letters and Officer of the Legion of Honor.